Couvertures supérieure et inférieure
manquantes

A PROPOS

DE LA

MER INTÉRIEURE

OU

FAUSSE INTERPRÉTATION GÉOGRAPHIQUE

PAR

E. DELESTRE

GÉOMÈTRE DU SERVICE TOPOGRAPHIQUE

ALGER
IMPRIMERIE DE LA *VIGIE ALGÉRIENNE*, P. FERROUILLAT
23, RUE DES CONSULS, 23
—
1874

PRÉFACE

Après le percement de l'isthme de Suez, c'est la canalisation du pseudo-isthme de Gabès que l'on veut entreprendre; en un mot, la création d'une mer intérieure. Déjà la météorologie y voit un ciel riche d'observations, fécond en pluie et en tempêtes, la marine de nouveaux ports et de nouveaux comptoirs à fréquenter, le commerce de nombreux échanges à faire, l'agriculture de nouvelles terres à ensemencer, et les chemins de fer des lignes à exploiter. On le voit, c'est une vie nouvelle dans un monde nouveau.

Aussi est-ce avec une certaine crainte que nous livrons à la publicité l'étude qui va suivre, et qui, peut-être, amènera bien des déceptions.

E. D.

A PROPOS DE LA MER INTÉRIEURE

Opinions de quelques auteurs sur les marées de la Méditerranée

N. B. — Nous parlons de l'époque antérieure au percement de l'isthme de Suez

On admet encore des marées très-accentuées dans certains parages de la Méditerranée, tels que dans l'Euripe, l'Adriatique et le golfe de Gabès.

Pline a pourtant dit, dans son 2ᵉ livre de l'*Histoire naturelle* : « Omnes autem æstus in Oceano majora integunt spatia inundantque, quam in reliquo mari : sive quia totum in universitate animosius est, quam in parte ; sive quia magnitudo aperta sederis vim laxe grassantis efficacius sentit, eamdem angustiis arcentibus. Qua de causa nec lacus, nec omnes similiter moventur. » « Les marées de l'Océan couvrent beaucoup plus de terrain que celles des autres mers, soit parce qu'un tout a bien plus de force dans son ensemble que dans une de ses parties, soit parce que son immense surface ressent avec plus d'efficacité l'action de la lune, qui exerce sa puissance tout entière, au lieu qu'elle ne trouve point de prise sur des espaces trop resserrés. C'est par cette raison que les lacs et les rivières n'éprouvent point ces sortes de mouvements. » Or, nous ferons voir que la Méditerranée n'est qu'un lac. Pline ajoute un peu plus loin : « Et quorumdam tamen privata natura est, velut Tauromenitani Euripi sœpius, et in Eubœa septies die ac nocte reciprocantis. » « Et cependant il y a certaines marées d'une nature particulière : par exemple, elles sont plus fréquentes dans l'Euripe de Tauromine. Le flux et le reflux se font sentir en Eubée sept fois en vingt-quatre heures. »

Bien que Pline n'ait pas donné une raison suffisante de l'insensibilité des marées dans les mers intérieures, que nous appellerons lacs dans la suite, il a fait néanmoins mentalement une différence entre les marées de l'Océan et les grands clapotages de l'Euripe ; il sent que la cause n'est pas la même, quoique produisant un résultat relativement semblable. Qu'elle est cette cause ? c'est ce qu'il ne dit pas. Virgile, au contraire, dans ses *Géorgiques*, livre Ier, semble en donner une idée quand il dit :

..... Implentur fossæ et cava flumina crescunt,
Cum sonitu fervetque fretis spirantibus æquor.

« ..... Les fossés se remplissent, les fleuves s'enflent à grand bruit, et dans ses détroits la mer s'agite et bouillonne. »

Bernardin de Saint-Pierre, dans ses *Etudes de la nature*, tome Ier, dit en parlant de l'Euripe : « On ne saurait rapporter ces mouvements multipliés et très-souvent inégaux aux marées de l'Océan, qui sont à peine sensibles dans la Méditerranée. » Et plus haut il dit : « Il n'y a ni fontaines, ni fleuves, ni lacs sujets à des flux et reflux particuliers, qui ne les doivent à des montagnes à glace placées à leurs sources. »

Or, d'après cela, il serait bon de se former une idée des lacs et des mers intérieures, pour arriver à une conclusion négative des marées dans ces dits lieux et démontrer qu'il ne faut pas confondre marée avec courant simulant une marée et que nous appellerons profluvion.

Nous aurons donc dès à présent l'Océan avec ses marées, les fleuves à expansions lacustres avec leurs profluvions, et les rivières avec leurs clapotages.

Considérations géographiques

Ptolémée (1) cite également dans le fleuve Triton les lacs de Lybie, de Pallas et de Triton. Ces différents lacs ne sont donc que des expansions du fleuve Triton. Si de même nous suivons le grand courant méditerranéen de sa source à son embouchure, nous verrons également que ce n'est qu'un grand fleuve a expansions lacustres, ayant ses marées à son embouchure, comme la Gironde a son mascaret, la Seine son flux et reflux, et le Forth son leaky, etc. En effet, le Dnieper a pour affluent le Don, qui forme la mer d'Azof et avec le Dnieper la mer Noire, où il reçoit pour affluent le Danube, il se resserre ensuite par le goulet ou canal de Constantinople pour aller former le canal ou mer de Marmara, lequel étang se resserre une seconde fois en un autre canal dit détroit des Dardanelles, au sortir duquel le fleuve s'épanche en ce vaste étang de l'Archipel, et de là en un autre plus vaste étang, la Méditerranée, où le fleuve ainsi débordé reçoit pour affluent le Nil au sud, le Pô par son embouchure de la mer Adriatique, le Rhône, l'Ebre et une foule d'autres petits cours d'eau, se resserrant enfin en un dernier goulet, détroit de Gibraltar, par lequel il débouche dans l'Océan atlantique. Il n'y a donc rien d'étonnant que ce vaste cours d'eau ne se ressente pas de la marée, ainsi que tout autre fleuve quelconque, que vers son embouchure, le détroit de Gibraltar.

Aux personnes qui croient encore, et il en est, que

(1) Il est à remarquer que tous les géographes anciens n'ont considéré les grands cours d'eau à expansions lacustres que comme des fleuves, et que la dernière expansion citée par eux porte toujours le nom du fleuve générateur, avec ou sans la qualification *grand*, selon l'importance de l'expansion. Ainsi Hérodote dit en parlant des Machlyes : leur pays s'étend jusqu'au fleuve *Triton*, qui se jette dans le *grand lac* ou golfe de *Triton*. Scylax à son tour cite le fleuve *Triton* avec une petite expansion à son embouchure, *le lac Triton*, qui communique par un goulet étroit avec le *grand golfe Triton*. C'est cette manière de voir qu'on a perdu de vue aujourd'hui et qui est cause assurément de certaines erreurs géographiques.

l'Océan et la Méditerranée sont de niveau, et à celles qui prétendent que le niveau de l'Océan est plus élevé que celui de la Méditerranée, nous leur dirons : pourquoi la vague de marée s'arrête-t-elle à Gibraltar, au lieu de continuer sa progression dans l'intérieur du lac méditerranéen? Pourtant la vague de marée n'a plus d'obstacle devant elle, puisqu'elle a franchi le détroit de Gibraltar, qui n'a que 15 kilomètres dans sa partie la plus étroite, pour monter jusqu'à Gibraltar, qui se trouve à plusieurs milles du goulet de séparation.

Il y a donc une cause certaine à ce barrage de la marée, cause qui se présente à toutes les embouchures et qu'on ne saurait contester : c'est le courant et par conséquent la différence de niveau. C'est également pourquoi les marées ne se font sentir qu'à l'embouchure de la Baltique et non dans l'intérieur, attendu qu'elle est l'expansion de la Tornea, qui a pour affluents, à l'ouest, tous les fleuves qui descendent des flancs est de la chaîne des monts de Laponie et des monts Kiœlen ; à l'est, le fleuve qui s'épanche en lac Volta et en lac Ladoga par le Svir, et qui traverse St-Pétersbourg sous le nom de rivière de Newa, pour se jeter sous le nom de golfe de Finlande entre le golfe de Bothnie et la mer Baltique, qui a son embouchure avec la mer du Nord par trois goulets ou détroits différents : le Sund, le grand Belt et le petit Belt.

Aujourd'hui le fleuve méditerranéen a pour ainsi dire deux embouchures : l'une dans l'Océan par le détroit de Gibraltar, et l'autre dans la mer Rouge par l'isthme de Suez. Il n'y aurait donc rien d'étonnant qu'à l'époque des Syzygies les marées se fissent sentir jusque dans le golfe de Gabès.

Qu'il ne peut y avoir de marée proprement dite dans le golfe de Gabès

Ainsi que nous venons de le voir, le fleuve méditerranéen a sur son parcours les lacs d'Azof, du Pont-

Euxin, le lac de Marmara, le lac méditerranéen avec leurs embranchements, le golfe Égée, le golfe de Chypre, le golfe Adriatique, le golfe de Gabès et le golfe de Lion.

Ces considérations géographiques étant admises et étant prouvé que le fleuve méditerranéen n'a de marées qu'à son embouchure, le détroit de Gibraltar, il nous reste à démontrer qu'il ne peut y en avoir ailleurs que là.

1° Si la marée se faisait sentir dans la Méditerranée, évidemment la vague viendrait d'occident en orient, comme à Gibraltar et dans la Manche, et non d'orient à l'occident, comme l'admet l'auteur de la mer intérieure.

2° Pour que le golfe de Gabès se ressentit des marées à l'époque dont parle les géographes anciens et, d'après eux, M. le capitaine Roudaire, il aurait fallu que la mer Rouge et la Méditerranée communiquassent.

3° Les marées se faisant sentir dans le golfe de Syrte, devaient nécessairement se faire sentir sur les rives opposées. Or, rien de tel n'est arrivé. Tous les auteurs anciens ne parlent que des marées dans les Syrtes. Heureux golfe, qui, par exception, jouit des faveurs lunaires et solaires.

4° Sans doute l'auteur de la mer intérieure, pour donner plus de force à sa marée et aussi pour expliquer un ensablement que nous démontrerons impossible, fait venir la vague de marée de l'orient à l'occident. « *On sait, dit-il, que les vagues de marée se déplacent d'orient en occident, dans le sens du mouvement diurne de la lune.* » Or, dans ce cas, comment se fait-il que les ports du Nord, qui devraient avoir la marée bien avant ceux de l'équateur, sont au contraire les derniers à l'avoir ; la vague de marée ne vient donc pas de l'orient à l'occident, mais bien dans la direction sud-nord, c'est-à-dire de l'équateur au pôle. En effet, partout où la configuration du terrain ne forme pas obstacle au refoulement des eaux de l'Océan, nous voyons ce refoulement se manifester dans le sens du méridien, mais successivement et d'autant plus tard qu'on approche davantage du pôle, ce que démontre l'observation des établissements des ports divers. La vague de marée obéit donc à une compression et non à une attraction lunaire et solaire, et d'ailleurs, si la marée obéissait à la force d'attraction du soleil et de la lune, il est évident que la haute mer des différents ports de la côte de France devrait coïncider avec la basse mer des côtes d'Angleterre, vu que la marée, obéissant à l'attraction de nos deux luminaires, devraient se diriger du nord au sud, où les deux astres décrivent leurs révolutions respectives.

Or, il résulte des observations recueillies depuis 1701 jusqu'à nos jours, que l'heure de l'établissement du port est la même pour les deux ports de l'une et l'autre côte, qui sont situés à chacune des lignes que l'on mènerait parallèles à celle qui va de Brest au cap Lizard (Angleterre), et qui forme l'ouverture de la Manche. Ainsi, d'après nos tablettes, la marée arrivant à Brest à 3 heures du matin et au cap Lizard, situé à une cinquantaine de lieues plus haut à 5 h. 30", arrivera

à Falmouth (côtes anglaises), à.....	5 h.	05 m.
à Baie de Léon (côtes françaises)...	5	15
à Plymouth (côtes anglaises)......	6	00
à Tréguier (côtes françaises).......	6	30
à Darmouth (côtes anglaises)......	6	15
à St-Malo (côtes françaises).......	6	00
à Star-Point (côtes anglaises).....	7	00
à Cherbourg (côtes françaises)....	7	37
à Portland (côtes anglaises).......	8	45
à Isigny (côtes françaises)........	9	00
à Yarmouth (côtes anglaises)......	10	30
à Quillebœuf (côtes françaises)....	10	30
à Douvres (côtes anglaises).......	11	50
à Calais (côtes françaises)........	11	41

Il est facile de voir que la marée, dans la Manche, avance de l'ouest vers l'est, comme embranchement du côté de l'équateur, et que l'heure de l'établissement du port coïncide sur l'une et l'autre côte pour les villes situées aux deux bouts de la ligne parallèle à celle menée du cap Lizard à Brest.

Le contraire devrait arriver si la cause de la marée provenait de l'attraction de la lune et du soleil; la marée dans la Manche devrait se diriger du Nord au Sud, de telle façon que l'établissement du port ou haute mer de l'un quelconque des ports de la côte de France coïncidât avec la basse mer du port de la côte d'Angleterre, situé sur la même longitude. En effet, la marée ne pourrait monter dans le port au sud, sans qu'elle baissât dans le port correspondant et en face sur la côte nord. Donc la marée s'opère par la pression de la lune et du soleil et non par leur attraction, et il suit de là que la vague de marée, au lieu d'aller d'orient à l'occident, va de l'équateur au pôle, c'est-à-dire dans la direction sud-nord. D'ailleurs dans l'attraction elle va du nord au sud et non d'orient en occident ; les causes contraires produisant des effets contraires.

Prenons un exemple familier, puisque rien n'est puéril dans l'étude des grandes lois de la nature.

Placez-vous, faisant face au nord, près d'un bassin circulaire plein d'eau, et menez fictivement une ligne équatoriale ; puis jetez une pierre vers le milieu de ce bassin. Que se passe-t-il alors? La chose est bien simple et s'explique d'elle-même : la pierre en tombant exerce une compression passagère sur la surface de l'eau, et aussitôt en cercles excentriques qui vont s'agrandissant, les vagues, en suivant le méridien, viennent clapoter en même temps sur les bords du bassin, en suivant la direction sud-nord, en ne considérant que l'hémisphère boréal. Maintenant supposez à ce bassin des bords irréguliers, évidemment le clapotage n'arrivera pas en même temps partout, et c'est ce qui expliquera la différence de l'établissement du port dans les diverses anfractuosités, en considérant la vague du clapotage comme une vague de marée. On pourra remarquer aussi que la marée pour le bord oriental du bassin semblera venir de l'occident, et pour le bord occidental de l'orient, bien que la lame soit partie de l'équateur.

Après cette digression, revenons à la vague de marée, introduite d'orient en occident dans le golfe de Gabès. Je ne nie pas qu'il pût y avoir un courant simulant une marée, mais enfin ce n'est pas la vague de marée proprement dite, invoquée par M. le capitaine Roudaire, qui ne parle d'ailleurs que par ce qu'en ont écrit les auteurs anciens.

5° Comment se fait-il que Procope, cité par l'auteur de la mer intérieure, ne fasse mention que d'un flux et d'un reflux par jour? Sans doute que le soleil et la lune n'étaient pour rien dans ce flux et reflux, sans quoi le golfe de Gabès aurait eu ses deux flux et ses deux reflux par jour, comme partout ailleurs. Nous verrons plus loin la cause de ce flux et de ce reflux.

6° De quelle partie du golfe veut parler Procope, quand il dit : « *Tous les jours la mer s'avance sur le littoral aussi loin qu'un bon piéton pourrait le faire dans un jour; le soir elle rentre laissant le rivage à sec.* » Assurément ce ne peut être que du fond du golfe de Gabès, puisque M. le capitaine Roudaire le cite pour les besoins de son ensablement. C'est donc de la partie comprise entre la ligne menée de Gabès au Sud, à Macadoma au nord, et le rivage. Comment se fait-il alors que *la mer, s'avançant aussi loin qu'un bon piéton pourrait le faire en un jour*, le bassin du Chott el-Djerid ne se soit pas rempli chaque jour, puisqu'il n'est qu'à 16 kilom. selon M. Charles Martins, et 18 kilom. d'après M. Roudaire, et qu'offrant à la vague de marée une dépression bien au-dessous du niveau de la mer (65 mètres et plus), il ait pu être desséché malgré la quantité d'eau qu'il recevait tous les jours.

En effet, comparons cette étendue, 16 ou 18 kilomètres, il vaut mieux cette dernière, à ce qu'*un bon piéton* peut faire de chemin en un jour (30 kilomètres; voyez combien nous sommes raisonnables, puisque nos soldats font cela en une matinée), et jugez d'après ce qui précède de la quantité d'eau qui devait s'engouffrer dans le Chott, vraie chute du Niagara.

7° D'un autre côté, Procope dit : « *Les nautonniers pénètrent sur le continent, qui prend pendant ce temps l'aspect d'une mer, et y naviguent tout le jour.* »

Sans doute que les 16 ou 18 kilomètres inondés ne constituent pas la mer de Procope, puisque la mer s'avançait aussi loin qu'un bon piéton peut le faire dans un jour; elle devait donc s'étendre de l'oued Akareit jusqu'à Tacape ou Gabès; de ce côté d'ailleurs nous approchons un peu plus de la quantité de kilomètres faits par le bon piéton en question. En effet, 24 kilomètres séparent l'oued Akareit de Gabès, d'après les documents fournis pour la création de la mer intérieure. Tacape donc devrait être tous les jours submergée. Il est assez curieux que les annales ne fassent nullement mention de cette ancienne Venise.

Procope fait sans doute allusion à ce que dit Pline dans son Livre XVIII de l'*Histoire naturelle* : « Civitas Africæ in mediis arenis, petentibus Syrtes Leptinque magnam, vocatur Tacape, felici super omne miraculum riguo solo, in omnem partem fons abundat. » « Au milieu des sables de l'Afrique, sur la route qui mène aux Syrtes et à la grande Leptis, on rencontre la ville de Tacape : le sol des environs doit aux eaux qui l'arrosent une fertilité qui tient du prodige. Une source se répand par toute la plaine. »

Procope, cet historien à trente-six jugements et secrétaire de Bélisaire, en joignant ces eaux d'irrigation dont parle Pline à celles de son flux, a évidemment formé sa mer pour y faire promener ses nautonniers et rien de plus. Il est d'ailleurs le seul à en faire mention.

8° On pourrait nous objecter qu'il y a eu retrait des eaux. Nous l'accordons ; mais alors l'ancienne Tacape n'est-elle donc plus la Gabès d'aujourd'hui? Pourtant qui voit Tacape sur la carte y voit aussi Gabès.

Voilà, ce nous semble, des preuves suffisantes pour démontrer l'impossibilité des marées dans le golfe de Gabès.

De l'impossibilité de l'ensablement de l'isthme de Gabès

Maintenant, voyons les résultats obtenus par les flux et reflux cités par Scylax, Pomponius Mela et enfin Procope.

Evidemment le fleuve Triton, sur lequel Ptolémée remarque les lacs de Lybie, de Pallas et de Triton, devait, pour jeter ses eaux dans le golfe de Gabès, avoir un niveau plus élevé, les lois de l'hydraulique ne faisant aucune exception ; c'était donc une Méditerranée se jetant dans un Océan et ayant sa marée à son embouchure, puisque *marée il y avait.*

Mais alors pourquoi la Méditerranée n'est-elle pas aujourd'hui séparée de l'Océan par suite de l'ensablement ? Parce que ce qui s'accumule à l'embouchure des fleuves y est refoulé par le flux de la mer.

En effet, le refoulement des eaux ne peut s'effectuer qu'en soulevant la vase et le sable des fonds, et en les amenant à la surface pour les charrier de proche en proche jusqu'à la rencontre d'un obstacle qui produise un repos dans le passage du flux au reflux ; c'est pour cette raison que les ensablements se forment progressivement sur les côtes où n'arrive pas le plus petit ruisseau même.

Les landes de Gascogne avancent chaque jour dans la mer.

Ravenne, du temps de Strabon, était dans les lagunes, comme Venise ; elle se trouve aujourd'hui éloignée d'une lieue du rivage.

Adria, cette ville célèbre, qui a donné son nom à l'Adriatique, dont elle était il y a deux mille ans le port principal, se trouve aujourd'hui à une distance de six lieues des bords de la mer.

Par ce qu'on a remarqué des atterrissements à l'embouchure des fleuves et rivières, l'on a été porté par là à penser que ces alluvions provenaient du dépôt même des fleuves. S'il en était ainsi, les fleuves se rétréciraient sur tout leur parcours, à moins de supposer que la propriété de déposer ne se manifeste qu'à l'embouchure, ce qui serait contraire à toutes les lois physiques. Non, les fleuves qui corrodent sans cesse leurs propres bords ne vont point déposer leur fardeau sur les bords de la mer même ; la force d'impulsion qui anime leurs flots porte assez loin dans la mer les matières qu'ils entraînent. S'il en était autrement, toutes les expansions lacustres du fleuve méditerranéen ne communiqueraient plus entre elles. C'était ce que Polybe prétendait avoir prouvé au sujet de l'entrée de la mer Noire. Le baron de Busbeck, dans ses *Lettres curieuses* (1), dit à ce sujet : « Polybe

(1) Lettre I, page 131.

prétend avoir prouvé que l'entrée de la mer Noire serait dans la suite comblée par des bancs de sable et par le limon que le Danube et le Borysthène y entraîneraient; que l'on ne pourrait plus par conséquent entrer dans la mer Noire, et que les embarquements que l'on ferait pour y aller seraient inutiles. Cependant la mer du Pont est aujourd'hui aussi navigable que du temps de Polybe. »

Nous concluons de là que ce qu'on appelle le lac Triton n'a jamais eu de communication avec le golfe de Gabès, et d'ailleurs des dépressions de 27, de 40, de 60 mètres et plus au-dessous du niveau de la mer, ne sauraient former le lit d'un fleuve ayant son embouchure dans la mer.

Fausse interprétation géographique

De tout ce qui précède, il est facile de voir qu'on a mal interprété les auteurs anciens, et que, pour faire coïncider cette fausse interprétation avec les descriptions géographiques anciennes, qui, par cela même, se contredisent, on a dû avoir recours à des subterfuges pour pouvoir sortir d'un semblable dédale. C'est ce que nous allons examiner.

1° Pomponius Mela, qui écrivait vers l'an 43 de J.-C., environ deux siècles après Scylax, s'exprime ainsi : « Le golfe de la Syrte est dangereux, non-seulement à cause des bas-fonds, mais encore à cause du flux et du reflux de la mer. Au-delà de ce golfe est le grand lac Triton, qui reçoit les eaux du fleuve Triton. On l'appelle aussi lac de Pallas. » D'où il ressort que le lac et le golfe ne communiquent plus.

D'un autre côté, Ptolémée, dans sa seconde table, cite le long de la petite Syrte *les embouchures du fleuve Triton*.

On le voit, on met ici en contradiction les deux géographes, en plaçant le fleuve Triton et son lac dans l'intérieur des terres. Avec l'un, il n'y a plus communication ; avec l'autre, il y en a encore, puisqu'il y a des embouchures.

2° Dans le chapitre VI, consacré à la description de

la Numidie, dont Cirta était la ville la plus importante, Pomponius Méla cite le passage suivant :

« On assure qu'à une assez *grande distance du rivage, vers l'intérieur du pays*, il y a des campagnes stériles où l'on trouve, s'il est permis de le croire, des arêtes de poissons, des coquillages, des écailles d'huîtres, des pierres polies, telles qu'on en tire communément de la mer, des ancres qui tiennent aux rochers et autres marques et indices semblables qui prouvent que la mer s'étendait autrefois jusque dans ces lieux. »

De quels rivages voulait parler l'auteur ? Assurément des rivages de la mer libyque (*libycum mare*), qui s'étendait de Parœtonium au cap Hermœum, et comprenait les deux Syrtes ; sans quoi il aurait cité son grand lac Triton ; mais il n'en fait nullement mention ; donc ce n'est pas là qu'il faut l'y aller chercher, car un géographe précise les lieux.

3° Dans la seconde table, Ptolémée donne pour source au fleuve Triton le mont Vasaletus (*Oussaleitone* en grec) ou mont Ousselet de Tunisie, au nord des chotts, à l'ouest du lac Kaïrouan. Mais comme on a déjà supposé que le fleuve Triton ne pouvait être que le bassin formé par les chotts Mel'rir, Sellem, Er-Rarsa et El-Djerid, on fait disparaître le nom de Vasaletus (comme on le verra plus bas) et on donne pour certain que ce ne pouvait être qu'une des chaînes qui forment la ceinture du nord-ouest du bassin des chotts (*sic*).

Mais puisque le nom a disparu, quoiqu'on le retrouve dans celui de *Oussaleitone* en grec, *Oussaletus* ou *Vasaletus* en latin et *Ousselet* dans notre langue, et que l'on reconnaît que ce mont est situé en Tunisie, au nord des chotts, pourquoi le faire ainsi disparaître sous le sceau de la foi et lui donner une autre direction. Assurément, les besoins de la circonstance l'exigeaient.

En effet, on lit dans la quatrième table de Ptolémée, la description du Gir, avec sa source au mont Usargala et son embouchure dans le lac des Tortues. Il s'agit donc d'un autre fleuve et d'un autre lac ; puisque dans sa seconde table, Ptolémée donne au fleuve Triton le mont Vasaletus pour source, et qu'il distingue sur son parcours les lacs de Triton, de Pallas et de Libye ; quant aux lacs des Tortues, il n'en fait aucunement mention sur le fleuve Triton; ce sont donc deux fleuves distincts.

L'auteur de la mer intérieure s'en aperçoit très-bien; mais, ma foi, tans pis, se dit-il, l'un sera la continuation de l'autre et nous allons donner à l'expression *fleuve Triton*, le sens de *bassin hydrographique*; mais alors pourquoi donner à un bassin unique deux noms différents; bassin du Rir et bassin du Triton? Parce que la création de M. Roudaire paraîtrait inexplicable.

C'est aussi pour ne pas déranger sa grande baie de Triton que, trouvant le mont Ousselet ou Vasaletus un peu trop éloigné de sa création, il s'écrie :

Quel était ce mont Vasaletus? Il y a bien un mont Ousselet (Oussaleitone en grec) en Tunisie; mais il est fort loin, au nord des chotts, à l'ouest du lac Kairouan.

Le mont Vasaletus, dont le nom a disparu, était, sans doute, une des chaînes qui forment la ceinture du nord-ouest du bassin des chotts.

Il ajoute, de plus :

Il nous importe peu, d'ailleurs, de le retrouver; il nous suffit de savoir qu'il était situé dans l'intérieur des terres, au-delà de Tisurus et au commencement du désert de Libye.

On le voit, tout a été fort bien coordonné pour les besoins de la cause et le Mont Vasaletus, dont le nom a disparu, a pourtant été retrouvé en Tunisie, ainsi que le nom lui-même, mais il est trop loin — et puis peu importe; — le fleuve et le lac Triton ont leur lit, pourquoi les déplacer.

Certes, si les anciens géographes revenaient de l'autre monde, ils nous diraient bien certainement que notre golfe des Syrtes s'appelait autrefois la grande baie de Triton, en mémoire du Triton qui sauva les Argonautes, puis mer lybique, golfe de la petite et de la grande Syrte, enfin golfe de Gabès et golfe de la Sidre.

Le fleuve Triton, nous diraient-ils encore, n'est autre que votre oued Akareït qui descend du nord de la Tunisie et qui, formant à son embouchure une expansion lacustre, constituait le lac de Triton, lequel alors formait les bas-fonds de la grande baie du même nom, avec laquelle il communiquait par un goulet assez étroit.

L'île de Phla d'Hérodote et la petite Syrte ou Cercinna

de Scylax, ne peuvent évidemment qu'être nos îles de Kakernah, puisqu'il est prouvé maintenant que le prétendu golfe de Triton, qu'on a placé dans l'intérieur, n'a jamais eu de communication avec la mer; évidemment, le lac Triton, placé au fin fond de la grande baie du même nom, a dû être ensablé et ce sont les phases de son ensablement que Scylax, Pomponius Mela nous citent et que Ptolémée nous montre divisé en trois étangs : celui de Triton, de Pallas et de Libye, et où viennent se déverser les eaux du fleuve Triton par divers embranchements.

Que l'on recherche bien et l'on verra que ce que nous avançons est tout à fait conforme à ce que nous en ont dit les anciens.

Les 10,000 francs votés pour les études géodésiques devraient être consacrés, ce nous semble, à une étude géologique du pseudoïsthme de Gabès, afin de rendre justice à la géographie.

Au moment où nous écrivons ces lignes, nous apprenons que M. Édouard Fuchs, ingénieur des mines au service du bey de Tunis, vient de lire une note à l'Académie des sciences, qui confirme en tout point notre manière de voir.

Il dit : 1° Que la distance du dernier chott à la mer est de 35 à 40 kilomètres au lieu de 18 ;

2° Que la hauteur de l'isthme, au-dessus de la Méditerranée, serait de 20 à 25 mètres au lieu de 8 ;

3° Entre la mer et la dépression saharienne est un puissant barrage qui s'abaisse lentement et uniformément vers la première et dont la pente du côté de la seconde se fractionne en gradins. Des couches alternatives de grès quartzeux et ferrugineux de l'époque miocène, surmontant des calcaires compactes, peut-être éocènes, le forment presqu'entièrement. (*Rappel* du 24 août 1874.)

Que conclure de là ? Qu'au lieu d'un ensablement nous avons un soulèvement.

Des profluvions ou courants simulant une marée dans la Méditerranée

On se le rappelle, nous avons dit que les lacs n'étaient que des expansions de fleuve.

Or, de ces fleuves s'évasant et se retrécissant, on en rencontre à chaque pas en Algérie, et c'est en les étudiant dans leurs crues d'hiver que nous avons pu nous faire une idée des courants simulant une marée et que nous allons essayer de décrire en nous servant de nos tablettes.

Un lac, étant donc une expansion de fleuve, a nécessairement un courant qui est celui du fleuve même, avec des directions latérales causées par le refoulement du courant principal.

Considérons donc un fleuve resserré dans son lit et à courants parallèles sur l'un et l'autre bord, il est impossible qu'un tel fleuve n'offre pas des clapotages alternatifs qui imitent les alternances des marées, clapotages dépendants :

1° Des chocs des courants parallèles contre des rocs ou des promontoires ;

2° De la force et de la durée des vents de diverses directions ;

3° De la crue par la fonte des neiges et des glaciers, ainsi que par l'arrivée des pluies, leur intensité et leur durée.

Il est évident que ces diverses causes occasionneront sur l'un et l'autre rivage des clapotages qui simuleront chaque fois un flux et reflux de quelque durée, chaque durée proportionnelle à la largeur du fleuve et à la force du produit de la fusion. Le choc de la vague plus forte fera reculer vers le rivage la vague plus faible, jusqu'à ce qu'en s'accumulant la vague plus faible devienne la plus forte ; dès ce moment c'est la première vague qui sera refoulée vers l'autre rivage. Mais si ce fleuve a pour affluents des cours d'eau d'une certaine force et des torrents, il est évident que vers le voisinage de l'embouchure les refoulements littoraux auront lieu d'une manière plus prononcée par leur hauteur et leur périodicité.

Si ces affluents se multiplient sur l'expansion lacustre de ce fleuve, les refoulements se montrant sur une plus grande échelle et sans qu'on puisse distinguer les courants divers qui les produisent, pourront en certains cas et d'après la configuration de certaines côtes, simuler un flux et reflux capables de faire illusion aux yeux des meilleurs physiciens.

En effet, commençons, la carte sous les yeux, par l'observation la plus ancienne, celle de l'Euripe; nous verrons que le courant de la mer de Marmara, qui sort avec impétuosité par le goulet du détroit des Dardanelles, marche droit vers la partie septentrionale du détroit de Négrepont et s'engouffre dans le golfe de Volo et de Zeitona, qui refoule ce courant dans l'Euripe. Voilà un flux imprimé du nord au sud. L'action doit être suivie d'une réaction produite par la résistance des vagues, mais il y a une autre cause à la réaction; le fleuve qui forme le bassin de la Macédoine, le Vardar, et qui a creusé le golfe de Salonique, arrive droit du nord pour raser la côte occidentale de l'île de Négrepont, refoulant et coupant ainsi le courant qui vient des Dardanelles et, par conséquent, refoulant du sud au nord le courant du détroit qui, un instant auparavant, était lancé du nord au sud. On voit par là qu'un tel détroit pourrait bien offrir sept flux et reflux jour et nuit, par suite des alternances d'action et de réaction de ces deux courants. Or, la lune et le soleil ne sauraient produire de semblables marées, et dans le cas où ils auraient une influence quelconque sur le fleuve méditerranéen, il y aurait, comme partout ailleurs, deux flux et deux reflux, ce qui est loin du compte.

Si nous descendons le courant du fleuve générateur de la Méditerranée, il ne sera pas difficile de s'apercevoir qu'en traversant la ligne médiane de ce lac pour se rendre à son embouchure, il doit refouler la partie stagnante du lac, à droite, à gauche et, par conséquent, refouler la vague jusqu'au fond de l'Adriatique et des Syrtes. Cela suffirait pour expliquer l'alternance d'un clapotage qu'au premier aspect on pourrait prendre pour une marée obéissant à la même cause que la marée océanique. Mais, il y a plus, c'est que la vague poussée par le courant médian du lac et dans le fond de l'Adriatique et dans celui du golfe de Gabès, vient choquer dans la première au-dessous de Venise, avec le courant du Pô et de l'Adige, et à la hauteur de Venise avec la Piave, et dans le golfe de Gabès avec le courant de l'oued Akareït ou ancien fleuve Triton, si l'on veut, ce qui, dans l'un et l'autre cas, ne peut manquer de produire sur le rivage des clapotages alternatifs simulant le flux et le reflux océanique.

En effet, le profluvion qui arrive refoule le courant du fleuve et remonte dans son lit en forçant le courant du fleuve à rétrograder, le flot refoulé du fleuve s'accumule à l'arrivée de la vague sur le flot qui s'arrête, jusqu'à ce qu'à force de se mettre au niveau avec le profluvion, la quantité d'eau qui continue d'arriver du courant du fleuve, en surmontant le niveau atteint, rompt l'équilibre établi entre la hauteur du flux et de la surface du fleuve.

Il n'est donc pas étonnant que ces profluvions ou courants simulant une marée aient pu ensabler le lac Triton dans le golfe, de même que les rivages d'Adria et de Ravenne dans l'Adriatique, et qu'on a vu autrefois sur les bords même de la mer.

Abri peu sûr pour les batiments dans la dite mer intérieure

Qu'est-ce donc que la mer intérieure, si ce n'est le prolongement de l'est à l'ouest du golfe de Gabès?

Or, pendant l'hiver, il y a quelque fois des coups de vent du nord-est et du sud-est très-violents (1); comment alors serait-elle protégée, cette mer intérieure, contre *ces vents du nord-est et du sud-est, très-violents en ces parages?*

Où sont donc les reverbérants de ces vents?

(1) Voyez la brochure de la mer intérieure.

Et le vent du sud ou simoun qui souffle dans ces parages avec tellement de violence qu'il déplace des montagnes de sable, n'aurait-il donc pas de prise sur la mer intérieure ?

Il serait d'autant plus terrible, qu'il rencontrerait devant lui un puissant réflecteur, le mont Aurès, d'une altitude de 2,300 mètres, et qui, d'après les géographes, offre du côté du sud une muraille presque à pic.

Or, quand ne souffle-t-il pas ?

L'automne presque toute la saison, au commencement du printemps et l'été, mais plus rarement, il est vrai ; il n'y aurait donc que l'hiver ; mais les vents de cette saison, nous l'avons vu, sont les vents du nord-est et du sud-est, qui sont très-violents.

Donc, presque constamment des vents et, d'ailleurs, comment pourrait-il en être autrement dans une plaine de sable ? Ajoutez à cela les pluies, les orages qu'engendrerait la mer, et vous aurez une idée de la sûreté de la navigation dans le prolongement du golfe de Gabès. Dès lors, nous pourrons dire avec Moula-Ahmed : c'est un lieu étrange que cette sebkha, la nuit n'y a pas d'étoiles, elles se cachent derrière la montagne ; le vent souffle à rendre sourd, de tous les côtés à la fois....

CONCLUSION

1° Hérodote, Scylax, Pomponius Mela, Pline et Ptolémée, en parlant du fleuve et du lac Triton, n'ont jamais voulu désigner le bassin des chotts ;

2° Un tel bassin à dépression si considérable, au-dessous du niveau de la mer, n'a pu communiquer avec elle ;

3° Le bassin des chotts s'écoulant dans le golfe, n'aurait pu avoir son canal de communication ensablé ;

4° Si des marées semblables à celles de Procope avaient existé, le même phénomène se reproduirait encore de nos jours, tel qui se produit dans l'Euripe et dans l'Adriatique ;

5° S'il y avait eu retrait des eaux, le lit du canal serait encore visible ;

6° Si nous interprétons Procope, aussi largement que l'a fait M. le capitaine Roudaire, il en résulte que, sans aller sur les lieux, nous trouvons entre la dépression saharienne et la mer une distance de 35 à 40 kilomètres au lieu de 18 ;

7° Qu'au lieu d'un canal de 16 kilomètres il en faudrait un de 40, et peut-être davantage, pour amener les eaux dans la dépression saharienne.

Enfin, terminons par ce qu'en a dit M. Edouard Fuchs, ingénieur des mines en Tunisie :

Des couches alternatives de grès quartzeux et ferrugineux de l'époque miocène, surmontant des calcaires compactes, forment le barrage de 35 à 40 kilomètres qui séparent l'un et l'autre bassin.

La surface du terrain qu'il serait possible d'inonder par un canal amenant les eaux de la mer, serait de 15,000 kil. carrés et non de 20,000. Ce canal devrait avoir non point 16 kilom. de long, mais au moins 50, sur 10 mètres de profondeur et 100 mètres de largeur. Enfin, au lieu d'une dépense de 8 millions, il faudrait 300 millions de francs.

On le voit, une telle mer n'est pas une bagatelle.

Alger, le 29 août 1874.

E. DELESTRE.

ALGER. — IMP. DE LA VIGIE ALGÉRIENNE

www.ingramcontent.com/pod-product-compliance
Lightning Source LLC
Chambersburg PA
CBHW060932050426
42453CB00010B/1973